Die Cocktail-Revolution

NICOLE HERFT

ist Foodstylistin, Autorin und Privatköchin, die im Vereinigten Königreich und in Australien gearbeitet hat. Sie besitzt seit jeher eine Leidenschaft für Superfoods, Smoothies und Säfte und hat mit vielen Spitzenköchen und Kochbuchautoren zusammengearbeitet. Zur Zeit arbeitet sie an Kochbüchern, Kochshows, Zeitschriften und Filmen und ist die Autorin von „Little Italy".

Nicole Herft

Die Cocktail-Revolution

Unverschämt leckere Drinks,
die überraschend gesund für dich sind

Aus dem Englischen von Renate Christ
Fotos von Nassima Rothacker

Jan Thorbecke Verlag

Für meine Mama – dafür, dass sie ihre Weisheit in puncto Ernährung an mich weitergegeben hat.

Genießen Sie die Drinks, aber gehen Sie bitte verantwortungsbewusst mit Alkohol um.

VERLAGSGRUPPE PATMOS

PATMOS
ESCHBACH
GRÜNEWALD
THORBECKE
SCHWABEN

Die Verlagsgruppe
mit Sinn für das Leben

Umschlaggestaltung: Finken & Bumiller, Stuttgart
Gedruckt in China
ISBN 978-3-7995-1264-0

INHALT

EINFÜHRUNG

Dieses Buch soll Ihnen zeigen, dass Sie Ihre „bösen“ Cocktails auch auf „gesündere“ Weise genießen können. Ich möchte Ihnen beweisen, dass es wirklich nicht nötig ist, viele zuckersüße Sirupe und Liköre sowie kohlensäurehaltige, vor Zucker strotzende Mixgetränke zu verwenden, damit ein Getränk richtig gut schmeckt. Ich habe jeglichen raffinierten Zucker aus diesen Rezepten entfernt, weil ich es kann. Es gibt Alternativen, die noch köstlicher und gleichzeitig nahrhaft sein können – vertrauen Sie mir!

Meine Mama zeigte mir, wie man entsaftet, als ich ungefähr sieben Jahre alt war. Sie war – und ist es bis heute immer noch – einer der gesündesten Menschen, die ich kenne. Bei uns zu Hause waren Süßigkeiten, Chips, Sirup, Schokolade oder Limonaden überhaupt nicht erlaubt. Damals wusste ich vermutlich nicht wirklich zu schätzen, was sie tat, aber als Erwachsene weiß ich, dass sie mir einen großartigen Weg geebnet hat. Ich war schon immer eine Köchin, und übermäßiger Genuss ist einfach ein Teil meiner Arbeit und meines Wesens. Weil aber meine Mutter mir von klein auf Wissenswertes über Ernährung und ihre Vorteile beigebracht hat, bilde ich mir ein, das Wissen zu besitzen, um einen Ausgleich zu schaffen – auf jeden Fall versuche ich das!

Ab dem Alter von 17 Jahren arbeitete ich als Köchin in Australien. Ich fing in italienischen Restaurants an, war aber auch an vollwertigen Lebensmitteln interessiert und kochte in ein paar vegetarischen Restaurants, bevor ich im „Decadence“ sesshaft wurde, einem überwiegend vegetarischen, auf gesundes Essen spezialisierten Café mit Saftbar. Jeden Tag kreierte ich neue Mischungen aus verschiedenen Säften. Ich fand heraus, dass das Erfinden dieser Geschmackskombinationen für Säfte ganz genauso funktionierte wie für Gerichte, aber ich machte mir auch Gedanken über die Nährstoffe und versuchte, die Säfte sowohl aus Gemüse als auch aus Obst herzustellen.

Mit 23 zog ich nach London. Ich dachte, ich würde dort ein cooles vegetarisches Café mit Saftbar finden, wo ich arbeiten könnte, aber damals, 2001, gab es die schlicht nicht! Also arbeitete ich schließlich als Köchin und nebenberuflich als Barkeeperin. Ich arbeitete im „Harlem“ in Notting Hill, das dem amerikanischen Musikproduzenten Arthur Baker gehörte. Hier lernte ich alles über die klassischen Cocktails, für die ich mich wirklich interessierte. Ich arbeitete auch im „Favela Chic“ in Shoreditch mit dem coolsten und verrücktesten Haufen Brasilianer, den ich je getroffen habe. Wir hatten jede Menge Spaß und servierten eine wirklich fruchtige und süße Auswahl an Cocktails dort. Sie schmeckten köstlich, aber ... Die Zucker-Kater am nächsten Tag – autsch!

Die Idee für dieses Buch entstand also im Grunde wegen meiner Erfahrungen bei der Cocktail-Herstellung, aber auch wegen meiner Vorliebe fürs Entsaften. Diese Cocktails vereinen die beiden Bereiche auf die bestmögliche Weise. Ich habe nur natürliche Süßungsmittel wie Agavendicksaft, Ahornsirup, Kokosblütenzucker und Honig verwendet. Sie werden überrascht sein, wie viel Süße in echten Früchten steckt.

Ich möchte Sie dazu ermutigen, Ihren Konsum an raffiniertem Zucker zu reduzieren. Wenn Zucker verarbeitet wird, werden ihm alle Nährstoffe und Mineralien entzogen, sodass man am Ende raffinierte Kohlenhydrate bzw. „leere Kalorien“ hat. Das Problem ist, dass unser Körper diese Substanz nicht verwenden kann. In seinem Bestreben, verdaut zu werden, laugt der Zucker alle Nähr- und Mineralstoffe in unserem Körper aus. Ich möchte nicht zu sehr ins Detail gehen, aber Sie sollen wissen, dass Zucker Gift für unseren Körper ist. Heutzutage gibt es so viele Alternativen, dass es einfacher denn je ist, auf Haushaltszucker zu verzichten.

Ich habe natürlich keinen Einfluss darauf, dass Schnaps gewisse Mengen an Zucker enthält, aber ich habe nach Möglichkeit versucht, Spirituosen mit geringerem Zuckergehalt zu verwenden. In dem Buch kommen zwar ein paar Liköre vor, aber ich zeige Ihnen auch, wie Sie aus Obst Sirup selbst herstellen können.

Leider wird in unserer Gesellschaft Zucker mit guter Laune gleichgesetzt. Bei Geburtstagen und anderen Feiern sowie bei Belohnungen ist er immer mit dabei. Es ist sehr schwer, mit dieser Gewohnheit zu brechen, aber wir können es schaffen. Die Menschen haben bei Essen, Getränken und Lebensstil noch nie so bewusst auf Gesundheit geachtet wie heute. Es ist schwierig zu unterscheiden, was gut ist und was nicht, aber wenn Sie frische und natürliche Lebensmittel aus biologischem Anbau essen und Ihre Mahlzeiten selbst zubereiten, dann machen Sie es, glaube ich, letztendlich ganz richtig. Mein Grundsatz lautet, dass es am Ende nur auf die Ausgewogenheit ankommt.

Für den Fall, dass Sie Gäste haben – und seien wir mal ehrlich: Wenn man köstliche Cocktails zubereiten kann, spielt man immer irgendwie den Gastgeber: Alle meine Rezepte können vervielfacht werden, damit sie für mehr Personen reichen. Das Eis am Stiel eignet sich besonders gut für Einladungen, weil man große Mengen davon im Voraus zubereiten kann. Lassen Sie das Eis gefrieren, nehmen Sie es aus der Form, wickeln Sie es in Frischhaltefolie und bewahren Sie es im Eisfach auf.

KOMMEN WIR ZUM WESENTLICHEN

In meiner Eigenschaft als Köchin glaube ich fest daran, dass man nur köstliche Gerichte oder Getränke zubereiten kann, wenn man hervorragende Zutaten verwendet.

Wenn Sie Obst und Gemüse kaufen, sollten Sie zu solchem aus biologischem Anbau greifen. Denn was für einen Sinn hat es, gesünder leben zu wollen, wenn die Zutaten mit großen Mengen an Chemikalien und Pestiziden besprüht wurden? Dies gilt auch für alle anderen in diesem Buch verwendeten Zutaten: Nahrungsergänzungsmittel, Trockenware, Teebeutel etc. In den meisten Fällen werden diese Produkte mit mehr Sorgfalt hergestellt, schmecken besser und sind gesünder.

Ein weiterer wirklich guter Tipp besteht darin, alles reife Obst einzufrieren, wenn es Saison hat. Kaufen Sie Obst, wenn es im Angebot ist, was meistens dann der Fall ist, wenn es am reifsten ist, und werfen Sie es in die Tiefkühltruhe. Ich habe wahnsinnig viel Obst in meinem Gefriergerät: Beeren, Melonen, Trauben, Ananasstücke, Kiwis, Bananen. Manchmal ist Obst beim Kauf allerdings noch nicht ganz reif. In diesem Fall können Sie es neben ein paar Bananen legen und nachreifen lassen, anschließend eintüten und ins Gefrierfach legen. So hat man immer jede Menge Auswahl für einen Frühstückssaft oder – natürlich – für freche Cocktails, falls ein paar Freunde vorbeischauen.

Nun wollen wir über die Ausrüstung sprechen.

ENTSAFTER

Es gibt im Handel drei verschiedene Arten von Entsaftern:

ZENTRIFUGENENTSAFTER Das ist die gebräuchlichste Art und zugleich auch die preisgünstigste. Die Zutaten werden gegen eine Klinge geschleudert, die sich mit hoher Geschwindigkeit dreht. Der Saft fließt an einer Seite durch ein Sieb aus dem Gerät, auf der anderen Seite fällt der Trester in einen Sammelbehälter zum Entsorgen. Der Trester enthält den Großteil der Faserstoffe der Zutaten. Die meisten Leute besitzen einen solchen Entsafter. Sie sind schnell, preisgünstig und leicht zu reinigen. Wenn Sie darüber nachdenken, sich ein solches Gerät anzuschaffen, dann achten Sie darauf, dass die Einfüllöffnung groß genug ist (d. h. so groß, dass ein ganzer Apfel durchpasst), weil dadurch weniger Vorbereitungszeit anfällt. Das ist die Art Entsafter, die auch ich habe. Bei mir muss das Entsaften schnell und einfach gehen. Wenn das Waschen oder Entsaften zu viel Zeit in Anspruch nehmen, kommt es uns wie eine lästige Pflicht vor, und das wollen wir nicht. Mag sein, dass mir bei dieser Art des Entsaftens die Ballaststoffe verloren gehen, aber ich genieße täglich immer noch eine Menge anderer Nährstoffe.

SAFTPRESSEN Diese Art Entsafter kann auch den Saft aus Weizengras extrahieren. Eine Saftpresse arbeitet um einiges langsamer als ein Zentrifugenentsafter und liefert nicht immer einen homogenen Saft. Außerdem ist es komplizierter, sie zu reinigen. Die gute Nachricht lautet jedoch, dass sie auch Blattgemüse entsaften kann und dass der Saft nährstoffreicher ist, weil das Fruchtfleisch nicht herausgefiltert wird.

HYDRAULIK-SAFTPRESSE Diese Maschine entsaftet in zwei Stufen. Zunächst werden die Zutaten zu einem Püree verarbeitet, anschließend wird diesem Püree der gesamte Saft entzogen. Dies ist die beste Methode, um möglichst viel Saft mit möglichst vielen Nährstoffen zu gewinnen. Aber seien wir ehrlich: Diese Maschine ist irrsinnig teuer, groß und schwer, und man braucht viel Zeit zum Vorbereiten, Entsaften und Säubern. Wenn Sie also nicht gerade eine Saftbar eröffnen wollen, ist das vermutlich nicht das richtige Gerät für Sie.

MIXER

Es sind viele verschiedene Mixer erhältlich, aber ich möchte Sie dazu ermutigen, einen leistungsstarken Mixer zu verwenden, wie z.B. einen Thermomix, Vitamix oder Blendtec. Sie besitzen einen Motor mit einer Leistung von über 500 Watt. Diese Jungs werden mit so gut wie allem fertig, was Sie in sie hineinwerfen. Sie können auch große Mengen bewältigen, weil ihre Behälter ein Fassungsvermögen von 2 l haben. Sie sind allesamt recht teuer, aber da ich meinen Mixer jeden Tag verwende, finde ich, dass das die Kosten rechtfertigt. Man kann aber auch immer ein gebrauchtes Gerät kaufen, das für gewöhnlich nur noch die Hälfte kostet!

Bei hoher Geschwindigkeit entsteht Reibungswärme, welche bei langer Mixdauer den Mixtopfinhalt erwärmen kann. Wenn Sie also beispielsweise Grünkohl, ein hartes Blattgemüse, länger als 1 Minute lang pürieren, dann sollten Sie stets Eiswürfel oder gefrorenes Obst dazugeben, damit das Getränk kühl bleibt. Von allen Geräten, die ich benutzt habe, sind diese drei die einzigen, die in der Lage sind, alles zu pulverisieren und am Ende einen homogenen Saft mit samtig-weicher Konsistenz zu liefern. Ich rate Ihnen, vor dem Kauf eines Mixers zu recherchieren. Achten Sie darauf, dass er einen starken Motor besitzt und mit Eiswürfeln klarkommt.

Die folgenden Informationen beziehen sich auf die Zutaten, die ich für meine Cocktails verwende, und treffen nicht unbedingt auf das Entsaften im Allgemeinen zu.

OBST, DAS VON HAND ENTSAFTET WERDEN SOLLTE

Orangen, Zitronen, Limetten, Grapefruit. Man kann sie auch in den Zentrifugenentsafter geben, aber dadurch entsteht eine Schaumschicht, die wir nicht wirklich haben wollen.

OBST UND GEMÜSE, DAS IM ZENTRIFUGENENTSAFTER VERARBEITET WERDEN SOLLTE

Gurke, Möhren, Sellerie, Äpfel, Birnen, Rote Bete, Kurkuma, Ingwer, Kohl, Kopfsalat, Fenchel, Wassermelone

OBST UND GEMÜSE, DAS IM MIXER VERARBEITET WERDEN SOLLTE

Beeren, weiches Obst, Aprikosen, Pfirsiche, Ananas, Melone, Kiwi, Trauben, gefrorenes Obst, Bananen, Grünkohl, Spinat, Minze, Kräuter, Papaya, Erbsen, Tomaten, Kirschen, Avocado und Mango

COCKTAIL-SHAKER

Boston-Shaker sind großartig, vor allem diejenigen, bei denen das Glas eine Skala besitzt. Ich bin auch ein Fan von Shakern aus Metall. Achten Sie darauf, dass die beiden Teile fest aufeinander sitzen und dass im Ausgießer ein Sieb integriert ist.

BARSIEBE

Sie machen das Leben um einiges leichter. Wenn Sie also noch keines besitzen, sollten Sie unbedingt in ein Barsieb investieren. Der sogenannte Hawthorne Strainer besitzt zwei oder vier Zacken an der Außenseite und eine halbkreisförmig angeordnete Spirale an der Unterseite. Er passt von der Größe her mit der Spirale nach unten genau in den Shaker. Dadurch werden das Eis und andere feste Bestandteile zurückgehalten, Schaum kommt aber mit durch. Um ein noch homogeneres Getränk zu erhalten, können Sie Ihren Drink durch ein feines Drahtsieb gießen.

Das Wichtigste aber ist, dass Sie Spaß am Experimentieren haben! Nehmen Sie die Rezepte in diesem Buch als Anregung und kreieren Sie Ihre eigenen Cocktails, indem Sie Ihr Lieblingsobst und -gemüse hinzufügen. Ich würde mich freuen, Ihre Eigenkreationen zu sehen. Kontaktieren Sie mich unter @eat_love_travel auf Instagram und Twitter.
Alles Liebe
Nicole x

ICE ICE BABY

Die Idee, die hinter diesen dekorativen Eiswürfeln steckt, ist einfach die, mehr **Farbe**, mehr **Geschmack** und mehr **Nährstoffe** in Ihre Drinks zu bekommen.

Man kann beinahe alles in Eiswürfelbehältern einfrieren. Experimentieren Sie doch einmal mit Kräutern, essbaren Blüten, Früchten und Beeren. Man kann auch Kokoswasser oder Obst- und Gemüsesäfte direkt in die Behälter füllen oder zuvor mit anderen Zutaten vermischen. Das bleibt ganz Ihnen überlassen ...

Auch bei den Formen und Größen können Sie sich austoben. Ich mag z. B. Eiswürfelbehälter in Herz-, Stern- oder Stäbchenform. Im Internet gib es jede Menge davon – stürzen Sie sich darauf!

KÖSTLICH FRUCHTIG

Cherry Ripe
Pfirsich-Chia-Bellini
Beeren-Sangria auf Eis
Himbeer-Pisco-Smash
Erdbeer-Caipiroska
Blaubeer-Acai-Smash
Erdbeer-Jasmin-Eistee
Kombucha-Pimm's-Punch
Granatapfel-Vanille-Cosmopolitan
Thymian-Bramble
Eis am Stiel mit Rosé-Champagner und Goji-Beeren

CHERRY RIPE

Zu diesem samtig-weichen Drink wurde ich von einem meiner liebsten australischen Schokoriegel inspiriert, dem „Cherry Ripe“. Sicher werden Sie mir zustimmen, dass die Kombination aus Kirschen, Schokolade und Kokosnuss einen absolut hohen Suchtfaktor besitzt. Kirschen schmecken aber nicht nur köstlich, sondern enthalten auch noch jede Menge wirkungsvoller Antioxidantien. Und dem Kakao sagt man nach, dass er die Laune hebt, das Altern verhindert und Energie spendet!

FÜR 2 PORTIONEN
50 ml Wodka
40 ml Kirschlikör
40 ml Crème de Cacao
80 g gefrorene entsteinte Kirschen
50 ml Sauerkirschsaft
30 ml Ahornsirup
2 TL Rohkakaopulver
100 ml Kokossahne
Eiswürfel
frische Kirschen, Kakao-Nibs und Kirschschokolade zum Garnieren

UTENSILIEN
Hochleistungsmixer und 2 niedrige Gläser

Wodka, Kirschlikör, Crème de Cacao, gefrorene Kirschen und Kirschsaft in einen Hochleistungsmixer geben und 1 Minute lang pürieren bzw. so lange, bis eine glatte Flüssigkeit entstanden ist. Ahornsirup, Rohkakaopulver und Kokossahne in den Mixer geben und weitere 30 Sekunden lang verrühren.

Die beiden Gläser mit Eiswürfeln füllen und das Getränk auf die Gläser verteilen. Mit frischen Kirschen, Kakao-Nibs und einem Riegel Kirschschokolade garnieren.

PFIRSICH-CHIA-BELLINI

Ich liebe einen Bellini, der mit frischen Pfirsichen zubereitet wurde. Diese Version enthält winzig kleine Chia-Samen, die jede Menge wirksamer Nährstoffe enthalten. Sie sind reich an Antioxidantien, Ballaststoffen, Protein und Omega-3-Fettsäuren. Die Pfirsiche sorgen für eine natürliche Süße und liefern nebenbei noch mehr Antioxidantien und Vitamine.

FÜR 2 PORTIONEN
80 g reifer gelber Pfirsich, entsteint und enthäutet
15 ml Agavendicksaft
20 ml Aperol
2 TL weiße Chia-Samen
250 ml Prosecco
dünne Pfirsichspalten zum Garnieren

UTENSILIEN
Blitzhacker oder Mixer, 2 altmodische Cocktailgläser

Den Pfirsich mit dem Agavendicksaft und dem Aperol in einen Blitzhacker oder Mixer geben und zu einem glatten Püree verarbeiten. Das Püree in eine kleine Schüssel umfüllen und die Chia-Samen unterrühren. Ca. 5 Minuten quellen lassen.

Die Pfirsichmischung auf die Gläser verteilen. Die Gläser jeweils zur Hälfte mit Prosecco füllen und diesen gründlich mit der Pfirsichmischung verrühren. Mit dem restlichen Prosecco auffüllen und mit Pfirsichspalten garnieren.

BEEREN-SANGRIA AUF EIS

Sangria ist ein richtig tolles Sommergetränk. Diese erfrischende Version enthält reichlich frische Himbeeren, Blaubeeren, Erdbeeren und Brombeeren. Beeren stecken voller Antioxidantien, sind kalorienarm, aber nährstoffreich und schmecken superlecker!

FÜR 4 PORTIONEN
300 g frische gemischte Beeren und zusätzlich 150 g für den Krug
3 EL Agavendicksaft
Eiswürfel oder Beeren-Eiswürfel (s. S. 12)
750 ml Rosé-Rioja

UTENSILIEN
kleiner Topf, Sieb, Barlöffel, Krug und 4 Gläser

Die gemischten Beeren mit 200 ml Wasser und dem Agavendicksaft in einen kleinen Topf geben und zum Kochen bringen. Die Hitzezufuhr reduzieren und die Beeren 10–15 Minuten köcheln lassen. Vom Herd nehmen und die Mischung durch ein Sieb passieren. Mit einem Löffel möglichst viel Saft aus den Beeren drücken. Abkühlen lassen.

Den Krug zur Hälfte mit Eiswürfeln füllen. Die zusätzlichen Erdbeeren in Scheiben schneiden, die Brombeeren halbieren und mit den anderen gemischten Beeren sowie dem Beerensirup und schließlich dem Rosé-Rioja in den Krug geben. Gründlich umrühren und servieren.

HIMBEER-PISCO-SMASH

Dies ist meine Abwandlung des „Pisco Sour“, der zu meinen Lieblingsgetränken gehört. Dieser Drink steckt voller frischer Himbeeren, die reich an sekundären Pflanzenstoffen und Antioxidantien sind.

FÜR 2 PORTIONEN
80 g frische Himbeeren
25 ml Agavendicksaft
80 ml Pisco
40 ml Zitronensaft
2 Eiweiß von kleinen Eiern
Eiswürfel
Himbeeren zum Garnieren

UTENSILIEN
Cocktail-Shaker aus Metall, Stößel und 2 niedrige Gläser

Es ist wichtig, dass Sie für diesen Drink einen Cocktail-Shaker aus Metall verwenden, weil darin ein viel besserer Schaum entsteht. Die Himbeeren mit dem Agavendicksaft in den Shaker geben und mit dem Stößel zu Mus zerdrücken. Pisco, Zitronensaft und Eiweiße hinzufügen. Den Deckel aufsetzen und wie verrückt schütteln! Je mehr Sie schütteln, desto besserer Schaum entsteht.

In jedes Glas ein paar Eiswürfel geben und den Drink durch den Deckel des Shakers in die Gläser füllen. Die Löcher sind groß genug, damit der Schaum mitkommt. Die Drinks mit Himbeeren garnieren und genießen.

ERDBEER-CAIPIROSKA

Die Brasilianer verstehen zu trinken, und diese kleine Nummer hier wurde durch meine Zeit in Rio de Janeiro inspiriert. Wenn die Basis aus Cachaca besteht, dann ist es eine Caipirinha, aber wenn Sie Wodka wollen, dann ist es eine Caipiroska! Dies hier ist meine Version.

FÜR 2 PORTIONEN
1 Beutel Kamillentee
2 EL Orangenblütenhonig
80 g Erdbeeren, in Scheiben
Mark von ½ Vanilleschote
70 ml Pink-Grapefruit-Saft
80 ml Wodka
Eiswürfel und Erdbeer-Eiswürfel (s. S. 12)
Erdbeerscheiben und frische Kamillenblüten zum Garnieren

UTENSILIEN
Cocktail-Shaker, Stößel, Barsieb und 2 niedrige Gläser

Den Teebeutel mit 220 ml kochendem Wasser übergießen, den Honig hinzufügen und 10 Minuten lang ziehen lassen. Anschließend den Beutel entfernen und den Tee abkühlen lassen.

Erdbeeren und Vanillemark in den Shaker geben. Mit dem Stößel zu Mus zerdrücken. Grapefruitsaft, Wodka und 2 Handvoll Eiswürfel hinzufügen und 1 Minute lang kräftig schütteln. In mit Erdbeer-Eiswürfeln gefüllte Gläser seihen. Mit dem Tee auffüllen und garnieren.

BLAUBEER-ACAI-SMASH

Beeren enthalten große Mengen an sekundären Pflanzenstoffen. Dabei handelt es sich um natürlich vorkommende Nährstoffe, die unsere Zellen vor Schädigung schützen. Außerdem sollen sie geistig fit halten und den Blutdruck senken. Von Acai-Beeren wird behauptet, dass sie Energie verleihen und die Libido steigern. Auch sollen sie positiv auf Herz, Haut und Immunsystem wirken. Das alles mit ein paar Blubberbläschen – was gibt es daran nicht zu mögen?

FÜR 4 PORTIONEN
100 g frische Blaubeeren
30 ml Agavendicksaft
12 frische Pfefferminzblätter
2 TL Bio-Acai-Pulver oder 50 g aufgetautes Acai-Fruchtfleisch
Eiswürfel und Blaubeer-Pfefferminz-Eiswürfel (s. S. 12)
75 ml Gin (ich mag Bombay Sapphire)
75 ml Mandarine Napoléon
30 ml Zitronensaft
400 ml Prosecco
Blaubeerspieße und zusätzliche Blaubeeren zum Garnieren

UTENSILIEN
Cocktail-Shaker, Stößel, Barlöffel, 1 Krug und 4 Gläser

Blaubeeren, Agavendicksaft, Pfefferminzblätter und Acai-Pulver oder -Fruchtfleisch in einen großen Shaker geben und mit dem Stößel gründlich zerdrücken.

Den Shaker zur Hälfte mit Eis füllen, dann den Gin, den Mandarine Napoléon und den Zitronensaft hinzufügen. 1 Minute lang kräftig schütteln. Diese Mischung in den Krug füllen und zur Hälfte mit Blaubeer-Pfefferminz-Eiswürfeln füllen. Mit Prosecco auffüllen und gründlich rühren. Weitere Blaubeer-Pfefferminz-Eiswürfel in die Gläser geben. Den Drink in die Gläser gießen und diese mit je einem Blaubeerspieß garnieren.

ERDBEER-JASMIN-EISTEE

Goji-Beeren sollten Sie nach Möglichkeit jeden Tag zu sich nehmen. Sie enthalten reichlich Antioxidantien, Vitamin C, Vitamin A, Ballaststoffe und Eisen. Ich kann mir keine bessere Möglichkeit vorstellen, an die tägliche Dosis zu kommen, als durch dieses erfrischende Getränk! Das zarte, aber exotische Aroma von Jasmin passt ganz ausgezeichnet zu den frischen Erdbeeren und zum Basilikum.

FÜR 2 PORTIONEN
1 EL Goji-Beeren
1 Beutel Jasmintee
6 Erdbeeren, entstielt und geviertelt
6 frische Basilikumblätter
80 ml Goji-Beeren-Likör
40 ml weißer Rum (Bacardi)
10 ml Mandarine Napoléon
Eiswürfel und Erdbeer-Eiswürfel (s. S. 12)
Erdbeeren, Basilikumblätter und
essbare Jasminblüten (optional) zum Garnieren

UTENSILIEN
Cocktail-Shaker, Stößel, Barlöffel und 2 hohe Gläser

Die Goji-Beeren und den Teebeutel mit 200 ml kochendem Wasser übergießen. Ziehen und abkühlen lassen.

Erdbeeren, Basilikum und Goji-Beeren-Likör in den Shaker geben und mit dem Stößel zerdrücken, bis die Erdbeeren zu Mus geworden sind. Rum, Mandarine Napoléon und eine Handvoll Eiswürfel hinzufügen. Das Oberteil auf den Shaker setzen und 15 Sekunden lang schütteln.

Die Gläser mit Erdbeer-Eiswürfeln füllen und mit der Cocktailmischung übergießen. Mit dem Jasmintee inklusive aller Goji-Beeren auffüllen. Mit halbierten Erdbeeren, Basilikumblättern und Jasminblüten (optional) garnieren.

KOMBUCHA-PIMM'S-PUNCH

Kombucha ist ein fermentiertes Teegetränk, das dafür berühmt ist, der Verdauungstätigkeit auf die Sprünge zu helfen. Man sagt ihm auch nach, die Libido und das Immunsystem anzukurbeln. Ich rate Ihnen, mehrere Marken auszuprobieren, um einen Kombucha zu finden, der richtig gut schmeckt. Der Geschmack sollte wirklich nicht an alte Socken erinnern! Ich motze meinen Pimm's Punch immer gern mit ein bisschen zusätzlichem Schnaps und einer Ladung Obst auf. Der perfekte Drink für den Sommer!

FÜR 4 PORTIONEN
Eiswürfel oder Pfefferminz-Eiswürfel (s. S. 12)
150 ml Pimm's
50 ml Cointreau
50 ml Wodka Citron
12 frische Pfefferminzblätter
1 unbehandelte Limette, in Scheiben geschnitten
1 unbehandelte Orange, in Scheiben geschnitten
6 Erdbeeren, halbiert
¼ Gurke, in Scheiben geschnitten
1 Pfirsich, entsteint und in Spalten geschnitten
470 ml Bio-Kombucha
150 ml Sodawasser

UTENSILIEN
1 großer Krug und 4 Gläser

Schnappen Sie sich einen Krug und füllen Sie ihn zur Hälfte mit Eiswürfeln oder Pfefferminz-Eiswürfeln. Mit Pimm's, Cointreau und Wodka Citron übergießen und gründlich verrühren. Die Pfefferminze, das vorbereitete Obst und Gemüse, 2 Handvoll Eis, den Kombucha und das Sodawasser hinzufügen. Umrühren und servieren.

GRANATAPFEL-VANILLE-COSMOPOLITAN

Granatäpfel enthalten besonders viel Vitamin C und Antioxidantien. Sie sollen auch das Hungergefühl dämpfen und vor Krankheiten schützen. Verwenden Sie stets Granatapfelsaft, der zu 100 Prozent aus Frucht besteht, ohne zugesetzten Zucker. Oder – noch besser – pürieren Sie die Kerne von zwei Granatäpfeln mit ein bisschen Wasser und gießen Sie sie durch ein feines Sieb, um reinen Saft zu erhalten. Durch den herben Geschmack passt er perfekt zum „Cosmopolitan".

FÜR 4 PORTIONEN
Eiswürfel
75 ml Wodka Citron
25 ml Cointreau
200 ml Granatapfelsaft
15 ml Agavendicksaft
Mark von ½ Vanilleschote
Orangenschalenstreifen, Vanilleschoten und Granatapfelkerne zum Garnieren

UTENSILIEN
Cocktail-Shaker, Barsieb und 2 Martinigläser

Den Shaker zur Hälfte mit Eis füllen, Wodka, Cointreau, Granatapfelsaft, Agavendicksaft und Vanillemark hinzufügen. Den Shaker verschließen und 1 Minute lang kräftig schütteln. In vorgekühlte Gläser seihen. Mit in Streifen geschnittener Orangenschale, Vanilleschoten und Granatapfelkernen garnieren.

THYMIAN-BRAMBLE

Ein Bramble ist ein wichtiger britischer Cocktail, der normalerweise mit Crème de Mûre, Gin und Zitronensaft zubereitet wird. Bei meiner Version wird der Brombeerlikör durch selbstgemachten Brombeersirup ersetzt, der keinerlei zugesetzten Zucker enthält. Die Aromen von Brombeeren und Zitronenthymian kommen hier wirklich gut zur Geltung. Für einen tollen Superfood-Kick habe ich den Drink um ein bisschen Acai-Beeren-Pulver ergänzt, aber das kann man auch weglassen.

FÜR 2 PORTIONEN
60 g süße Brombeeren, halbiert
2 EL Agavendicksaft
4 Zweige Zitronenthymian
1 TL Acai-Beeren-Pulver (optional)
zerstoßenes Eis
80 ml Gin
20 ml Zitronensaft
gefrorene Brombeeren am Spieß und
Zitronenthymianzweige zum Garnieren

UTENSILIEN
kleiner Topf, Barsieb, Cocktail-Shaker und 2 kleine Tumbler

Brombeeren, Agavendicksaft, Zitronenthymian und 150 ml Wasser in einen kleinen Topf geben. Zum Kochen bringen, anschließend die Hitze reduzieren und das Ganze 10 Minuten lang köcheln lassen. Vom Herd nehmen, das Acai-Beeren-Pulver unterrühren und die Mischung abkühlen lassen. Anschließend durch ein feines Sieb gießen und zusammen mit einer Handvoll zerstoßenem Eis, dem Gin und dem Zitronensaft in einen Cocktail-Shaker geben. Den Shaker verschließen und 30 Sekunden lang schütteln.

Die Gläser mit zerstoßenem Eis füllen. Den Drink in die Gläser seihen und mit einer weiteren Handvoll zerstoßenem Eis bedecken. Mit einem Zweig Zitronenthymian und gefrorenen Brombeerspießen garnieren.

EIS AM STIEL MIT ROSÉ-CHAMPAGNER UND GOJI-BEEREN

Nicht alle Cocktails müssen in einem Glas genossen werden. Dieses Eis am Stiel ist die perfekte Abkühlung an einem heißen Sommertag. Es enthält viel Obst, Goji-Beeren und Champagner und ergibt so den perfekten Eisgenuss für Erwachsene!

FÜR 8 PORTIONEN
1 EL Goji-Beeren
150 g gemischte Beeren
16 kleine frische Pfefferminzblätter
400 ml Rosé-Champagner
20 ml Goji-Beeren-Likör
20 ml Cointreau
zerstoßenes Eis
Beeren und Pfefferminzblätter zum Garnieren

UTENSILIEN
Eisform mit 8 Vertiefungen und Eisstiele aus Holz, 1 Krug

Die Goji-Beeren mit etwas kochendem Wasser übergießen und 5 Minuten einweichen lassen, anschließend abgießen.

Die Eisformen mit einer Mischung aus Beeren, Goji-Beeren und Pfefferminzblättern füllen.

Rosé-Champagner, Goji-Likör und Cointreau in einen Krug füllen und behutsam verrühren. Die Mischung in die Eisformen füllen. Die Formen verschließen und Eisstiele hineinstecken. Über Nacht ins Gefrierfach stellen bzw. so lange, bis das Eis gefroren ist.

Etwas warmes Wasser über die Formen laufen lassen, damit sich das Eis herauslösen lässt. Das Eis auf einem Tablett mit zerstoßenem Eis servieren, mit Pfefferminzblättern und Beeren bestreuen.

TRINK DEIN GEMÜSE!

PEA COOLER

Die bescheidene Erbse ... In Großbritannien ist sie ein gefeiertes Gemüse, und ich persönlich liebe diese kleinen süßen Dinger. Sie stecken voller Antioxidantien und Vitamine und verbessern bekanntermaßen die Gesundheit des Herzens. Erbsen enthalten viel Eiweiß und können sogar unser Immunsystem stärken. Ihr süßer Geschmack passt unheimlich gut zu Zitrone und Holunderblüte. „St. Germain" ist ein toller Holunderblütenlikör, den Sie unbedingt einmal probieren sollten.

FÜR 2 PORTIONEN
50 g gekochte Erbsen
20 ml Agavendicksaft
100 ml frischer Gurkensaft (von ca. ½ Gurke)
30 ml Zitronensaft
1 Zweig Estragon
50 ml Wodka
50 ml St. Germain
Eiswürfel
Erbsen in der Schote, Erbsentriebe und dünne Gurkenscheiben zum Garnieren

UTENSILIEN
Cocktail-Shaker, Stößel, Barsieb, 2 Cocktailgläser

Die Erbsen mit dem Agavendicksaft in einen Cocktail-Shaker geben und mit dem Stößel 1 Minute lang gründlich zerdrücken. Es soll möglichst viel Erbsengeschmack und -saft entstehen. Gurkensaft, Zitronensaft, Estragon, Wodka und St. Germain hinzufügen. Den Shaker zur Hälfte mit Eiswürfeln füllen und verschließen. 1 Minute lang kräftig schütteln. In die Gläser abseihen und darauf achten, dass sich auf jedem eine schöne Schaumschicht befindet. Mit einer geöffneten Erbsenschote, Erbsentrieben und Gurkenscheiben garnieren.

GIN-TEE-HIMMEL

Dies ist eine gesunde Abwandlung meines allerliebsten Drinks, des Gin Tonics. Als Basis habe ich Grüntee verwendet, weil er voller Antioxidantien und Nährstoffe steckt. Er kann die Funktion des Gehirns verbessern und den Fettabbau unterstützen. Ein Cocktail, der einen schlauer und schlanker macht – was sagt man dazu?

FÜR 2 PORTIONEN
1 EL Bio-Grünteeblätter
Saft und Schale von 1 unbehandelten Limette • Saft und Schale von ½ unbehandelten Zitrone
2 EL Agavendicksaft • Eiswürfel
80 ml Gin • Sodawasser
4 Limettenspalten zum Garnieren

UTENSILIEN
kleiner Topf, Cocktail-Shaker, Teesieb, Barsieb und 2 Highballgläser

Teeblätter, Saft und Schale von Limette und Zitrone, Agavendicksaft und 150 ml Wasser in einen kleinen Topf geben. Zum Sieden bringen, anschließend die Hitze reduzieren und 5 Minuten lang leise köcheln lassen. Abkühlen lassen.

Einen Cocktail-Shaker zur Hälfte mit Eiswürfeln füllen. Die Teemischung durch ein Sieb hineingießen und den Gin hinzufügen. 10 Sekunden lang schütteln. Die Gläser mit Eis füllen und das Getränk durch das Barsieb einfüllen. Mit Sodawasser auffüllen und mit angedrückten Limettenspalten garnieren.

GENMAICHA GOODNESS

Genmaicha ist eine spezielle Mischung aus japanischem Grüntee und geröstetem Naturreis. Er besitzt ein köstliches nussiges Röstaroma und ist reich an Antioxidantien. Ich habe ihm die japanischen Geschmacksrichtungen Yuzu und Sake beigesellt, um einen wunderbaren, milden Drink zu erhalten.

FÜR 2 PORTIONEN
1 gehäufter EL Genmaicha-Teeblätter
250 ml kochendes Wasser
2 EL Honig • 15 ml Yuzusaft
40 ml Sake • 25 ml Cointreau
25 ml Wodka • Eiswürfel
essbare Orchideenblüten zum Garnieren

UTENSILIEN
kleiner Topf, Cocktail-Shaker, Teesieb, Barlöffel und 2 Highballgläser

Die Teeblätter in einen Topf geben und mit dem kochenden Wasser übergießen. Den Honig unterrühren und die Mischung ziehen und vollständig erkalten lassen.

Die Mischung in einen Cocktail-Shaker seihen, Yuzusaft, Sake, Cointreau und Wodka unterrühren. Die Gläser mit Eiswürfeln füllen und das Getränk auf die Gläser verteilen. Weitere Eiswürfel obenauf legen und mit ein paar essbaren Orchideenblüten garnieren.

GRÜNKOHL-ANANAS-DAIQUIRI

Grünkohl gehört zu den Lebensmitteln mit der größten Nährstoffdichte! Er enthält große Mengen an wirkungsvollen Antioxidantien und reichlich Vitamin C und K. Es ist recht schwierig, ihn zu zerlegen, und er lässt sich auch nicht gut entsaften. Das Mittel der Wahl, um möglichst viele Nährstoffe zu erhalten, ist also das Pürieren im Mixer. In diesem Cocktail wird er mit Ananas, Apfel und frischer Pfefferminze kombiniert. Sich einen Schwips anzutrinken und gleichzeitig seine tägliche Ration Gemüse zu sich zu nehmen, war noch nie so lecker!

FÜR 2 PORTIONEN
40 ml weißer Rum (Bacardi)
40 ml Ciroc Wodka Apfel
70 ml frischer Granny-Smith-Apfelsaft
1 Handvoll Grünkohlblätter
50 g gefrorene Ananas (in 2 cm großen Stücken)
6 kleine frische Pfefferminzblätter
250 g zerstoßenes Eis
Ananasspalten und -scheiben zum Garnieren

UTENSILIEN
Hochleistungsmixer und 2 Martinigläser

Rum, Apfelwodka, Apfelsaft, Grünkohl, gefrorene Ananas und Pfefferminze in einen Hochleistungsmixer geben. 1 Minute lang pürieren bzw. so lange, bis eine homogene Mischung entstanden ist. Je nachdem, welche Art Mixer Sie besitzen, kann das auch länger dauern. Anschließend das zerstoßene Eis in den Mixer geben und nochmals pürieren. In die Gläser füllen und mit Ananasspalten und -scheiben garnieren.

APFELESSIG-MARTINI

Bio-Apfelessig wirkt antibakteriell und kann sogar Halsschmerzen kurieren. Er enthält Kalium und bestimmte Enzyme, die u. a. auch gegen Müdigkeit helfen können. Ich trinke fast jeden Morgen ein Schnapsglas voll! Das schmeckt köstlich und wirkt belebend. Dieses Rezept hier ist meine Abwandlung eines Apfel-Martinis.

FÜR 2 PORTIONEN

Eiswürfel
80 ml Wodka (ich verwende Absolut)
25 ml Bio-Apfelessig
160 ml frischer Granny-Smith-Apfelsaft
10 ml Agavendicksaft
6 Spritzer Pfirsich-Bitter
2 dünne Scheiben Granny Smith zum Garnieren

UTENSILIEN

Cocktail-Shaker, Barsieb und 2 große Martini-Gläser

Einen Cocktail-Shaker zur Hälfte mit Eiswürfeln füllen. Wodka, Essig, Apfelsaft, Agavendicksaft und Pfirsich-Bitter hinzufügen. Den Shaker verschließen und 1 Minute lang kräftig schütteln. Den Drink in die Gläser seihen.

Die Apfelscheiben mit einem scharfen Messer einschneiden und als Garnitur auf den Rand der Gläser stecken.

PAPAYA, DER SEEMANN – TUT, TUT!

Dieses Wortspiel mit Popeye konnte ich mir bei dem Drink einfach nicht verkneifen. Die beiden Hauptzutaten sind wahnsinnig gesund! Papayas enthalten viel Vitamin C und sind großartig für die Verdauung und das Immunsystem. Und Spinat ... Nun, wir alle wissen, wofür Spinat gut ist: Er ist, was den Nährstoffgehalt angeht, ein wahres Kraftpaket – schauen Sie sich nur mal Popeyes Arme an!

FÜR 2 PORTIONEN
70 ml 8 Jahre alter Havanna-Rum
1 große Handvoll Spinatblätter
200 g gefrorene Papaya
100 ml Kokoswasser
1 EL Kokosblütenzucker
100 g Eiswürfel
Papayaspalten und orangefarbene essbare Blüten zum Garnieren

UTENSILIEN
Hochleistungsmixer und 2 niedrige Gläser

Rum, Spinat, gefrorene Papaya, Kokoswasser, Kokosblütenzucker und Eiswürfel in einen Hochleistungsmixer geben und glatt pürieren. In jedes Glas ein paar Eiswürfel geben und mit dem Getränk übergießen. Mit Papayaspalten und ein paar essbaren Blüten garnieren.

SMOOTHIE „GRÜNE GÖTTIN“

Dieser gesunde Smoothie enthält reichlich grünes Gemüse und wird deshalb Ihr gesamtes System mit einer Vielzahl an Nährstoffen, Vitaminen und Antioxidantien so richtig ankurbeln. Durch das Pürieren im Mixer wird alles zerkleinert und somit leichter verdaulich. Die Avocado macht den Smoothie traumhaft cremig, und das gefrorene Obst sorgt für natürliche Süße. Keiner braucht je zu erfahren, dass dies ein Cocktail ist!

FÜR 2 PORTIONEN
200 ml frischer Granny-Smith-Apfelsaft
70 ml frischer Gurkensaft (ca. ½ Gurke)
1 Handvoll Grünkohl
1 Handvoll Spinat
80 g Avocadofruchtfleisch
20 kleine frische Pfefferminzblätter
150 g gefrorene Kiwi
100 g gefrorene Trauben
70 ml Kokoswasser
150 g Eiswürfel
80 ml Wodka
gefrorene Kiwischeiben und Trauben zum Garnieren

UTENSILIEN
Hochleistungsmixer, 2 Strohhalme und
2 hohe Smoothiegläser

Alle Zutaten in einen Hochleistungsmixer geben und glatt pürieren. In die Gläser füllen und mit in Scheiben geschnittenen gefrorenen Trauben und kleinen gefrorenen Kiwistücken garnieren. Kann etwas noch einfacher sein?

GRAS IST IMMER GRÜNER

Ein Cocktail, der die Leber unterstützt? Weizengras besteht zu 70 Prozent aus Chlorophyll, welches dabei hilft, die Leber zu reinigen und Gifte innerhalb des Körpers zu neutralisieren. Es enthält lebenswichtige Vitamine, Mineralstoffe und Aminosäuren, ist also quasi ein natürliches Heilmittel. 50 ml Weizengrassaft entsprechen einer Verzehrmenge von fast 700 g grünem Blattgemüse. Aufgrund des höheren Nährstoffgehalts und des besseren Geschmacks sollten Sie sich für frischen oder tiefgekühlten Weizengrassaft entscheiden. Sie können ihn im Reformhaus kaufen oder übers Internet bestellen.

FÜR 2 PORTIONEN
80 ml Wodka
100 ml Pink-Lady-Apfelsaft
50 ml frischer/gefrorener Weizengrassaft
1 Kiwi, geschält und grob zerkleinert
120 g frische Ananasstücke
2 Zweige Estragon, nur die Blätter
100 g Eiswürfel
2 übergroße Eiswürfel
Estragonzweige zum Garnieren

UTENSILIEN
Hochleistungsmixer und 2 kleine Tumbler

Wodka, Apfelsaft, Weizengrassaft, Kiwi, Ananas, Estragon und Eiswürfel in einen Hochleistungsmixer geben und glatt pürieren. Je einen übergroßen Eiswürfel in die Gläser geben und mit dem Cocktail übergießen. Mit Estragonzweigen garnieren.

GURKEN-MARTINI

Gurken sind eine großartige Quelle für die Vitamine A und K sowie für Ballaststoffe. Da sie von allen festen Nahrungsmitteln den höchsten Wassergehalt haben, ist dieser Martini mit Sicherheit gut für Ihren Flüssigkeitshaushalt. Hendricks Gin besitzt Gurken- und Rosenaroma und ist somit die perfekte Ergänzung für dieses erfrischende alkoholische Getränk.

FÜR 2 PORTIONEN
Eiswürfel
100 ml Hendricks Gin
100 ml frischer Gurkensaft (ca. ½ Gurke)
30 ml Martini Bianco
6 große frische Pfefferminzblätter
4–5 Tropfen Rosenwasser
2 dicke Scheiben Gurke, schräg geschnitten

UTENSILIEN
Cocktail-Shaker, Barsieb und 2 große Martini-Gläser

Einen Cocktail-Shaker zur Hälfte mit Eis füllen. Gin, Gurkensaft, Martini Bianco, Pfefferminzblätter und Rosenwasser hinzufügen. Den Shaker verschließen und 1 Minute lang kräftig schütteln. Den Cocktail in die Gläser seihen, in jedes Glas eine dicke Gurkenscheibe stecken und servieren.

TOTAL TROPISCH

MARACUJA-MANGO-MARGARITA

Mangos sind supersüß und verdammt gesund. Sie sind großartig für Ihre Haut und können dabei helfen, den Cholesterinspiegel zu senken und den Körper zu alkalisieren. Maracujas enthalten ebenfalls viel Vitamin C, Mineralien und Ballaststoffe. Die beiden sind eine ideale Geschmackskombination für eine fantastische Margarita – stürzen Sie sich darauf!

FÜR 2 PORTIONEN
25 ml Maracujasaft (gerne aus 2–3 Maracujas selbst hergestellt)
75 ml Tequila (ich verwende AquaRiva Blanco)
30 ml Cointreau
Saft von ½ Limette + etwas zusätzlich für den Rand der Gläser
100 g gefrorene reife Mango in Stücken
25 ml Agavendicksaft
zerstoßenes Eis • 50 g Meersalz
Schale von 1 unbehandelten Limette
zusätzliche Maracujahälften zum Garnieren

UTENSILIEN
Sieb, Hochleistungsmixer und 2 Cocktailgläser

Zunächst den Maracujasaft herstellen. Hierfür 2–3 große reife Maracujas aushöhlen und das Fruchtfleisch mit Hilfe eines Löffels durch ein Sieb drücken. Sie sollten 25 ml erhalten.

Den Maracujasaft zusammen mit dem Tequila, dem Cointreau, dem Limettensaft, der gefrorenen Mango, dem Agavendicksaft und einer kleinen Handvoll zerstoßenem Eis in einen Hochleistungsmixer geben. 1 Minute lang pürieren bzw. so lange, bis eine homogene Mischung entstanden ist.

Das Meersalz mit der Limettenschale vermischen und auf einen kleinen Teller geben. Die Ränder der Cocktailgläser mit etwas Limettensaft anfeuchten und ins Salz tauchen. So lange hin- und herdrehen, bis ein gleichmäßiger Rand aus Limettensalz entstanden ist.

Die Gläser zu drei Vierteln mit zerstoßenem Eis füllen. Mit der Margarita übergießen und mit einer halben Maracuja garnieren.

WASSERMELONEN-ROSEN-MOJITO

Wassermelonen sind einfach großartig für den Flüssigkeitshaushalt, und jeder Schluck dieses Cocktails versorgt Sie mit den Vitaminen A, B6 und C. Sie enthalten auch Elektrolyte, welche Austrocknung verhindern – die perfekte Zutat also für einen erfrischenden und kühlenden Drink mit nur einem Hauch Rose.

FÜR 2 PORTIONEN
150 g Wassermelone in Stücken
12 frische Pfefferminzblätter
2 TL Agavendicksaft
2 TL Limettensaft
6 Tropfen Rosenwasser
zerstoßenes Eis
80 ml brauner Rum (ich verwende Havana Club)
zusätzliche in Würfel geschnittene Wassermelone, Limettenspalten, Wassermelonenspalten und pinkfarbene Rosenblütenblätter (optional) zum Garnieren

UTENSILIEN
Stößel, Barlöffel und 2 hohe Gläser

Wassermelone, Pfefferminze, Agavendicksaft, Limettensaft und Rosenwasser auf 2 hohe Gläser verteilen. Mit dem Stößel gründlich zerdrücken. Die Gläser mit zerstoßenem Eis füllen und je 40 ml Rum darübergeben. Gründlich umrühren und mit ein paar Melonenwürfeln, Limettenspalten, Melonenspalten und nach Belieben mit Rosenblütenblättern garnieren.

KEFIR-MANGO-LASSI

Für diejenigen unter Ihnen, die noch nie von Kefir gehört haben: Es handelt sich dabei einfach um fermentierte Milch. Er enthält mehr wirksame und gesunde Probiotika als Joghurt, welche sehr hilfreich für die Verdauung und die Darmgesundheit sind. Kefir besitzt einen angenehm säuerlichen Geschmack und passt ganz ausgezeichnet in dieses traditionelle indische Getränk.

FÜR 2 PORTIONEN
1 Prise hochwertiger Safran
1 TL Tamarindenpaste
2 EL Honig
$\frac{1}{4}$ TL frisch gemahlener Kardamom
10 g ganze Pistazien
350 ml Bio-Kefir
150 g Eiswürfel
160 g gefrorene reife Mango
70 ml brauner Rum
zusätzliche Safranfäden, gehackte Pistazien und getrocknete Rosenblütenblätter zum Garnieren

UTENSILIEN
Hochleistungsmixer und 2 Gläser

Die Safranfäden in 1 EL kochendem Wasser ca. 5 Minuten ziehen lassen, um Farbe und Geschmack des Safrans freizusetzen. Anschließend in einen Hochleistungsmixer geben und die Tamarindenpaste, den Honig, den Kardamom, die Pistazien und den Kefir hinzufügen. 5 Minuten lang stehen lassen. Dadurch intensiviert sich der Safrangeschmack. 30 Sekunden lang pürieren. Dadurch kann sich der Honig gut mit den anderen Zutaten vermischen, bevor die kalten Zutaten hinzugefügt werden.

Als Nächstes das Eis, die Mango und den Rum in den Mixer geben. Nochmals 1 Minute lang pürieren bzw. so lange, bis eine homogene Mischung entstanden ist. In die Gläser füllen und mit Safranfäden, gehackten Pistazien und Rosenblütenblättern garnieren.

KIWI-ERDBEER-DAIQUIRI

Kiwis besitzen einen einzigartigen Geschmack, den ich einfach liebe. Sie enthalten auch sekundäre Pflanzenstoffe und mehr Vitamin C als Orangen. Obst, das ich für Cocktails verwenden möchte, friere ich sehr gerne ein, weil man dadurch die tollste Konsistenz erreicht. Auch Erdbeeren sind eine großartige Quelle für Vitamin C und Antioxidantien. Dieser Drink ist also im Grunde sowohl köstlich als auch nahrhaft!

FÜR 2 PORTIONEN
160 g gefrorene Erdbeeren
60 g gefrorene Kiwis
10 ml Limettensaft
70 ml Kokoswasser
150 g Eiswürfel • 2 EL Agavendicksaft
6 frische Pfefferminzblätter
80 ml weißer Rum (Bacardi)
geschälte und in Scheiben
geschnittene Kiwi, Erdbeeren und
essbare Blüten zum Garnieren

UTENSILIEN
Hochleistungsmixer und
2 Cocktailgläser

Die gefrorenen Erdbeeren, die gefrorenen Kiwis, den Limettensaft, das Kokoswasser, die Eiswürfel, den Agavendicksaft, die Pfefferminze und den Rum in einen Mixer geben und glatt pürieren.

In die Gläser füllen und mit Kiwischeiben, halbierten Erdbeeren und essbaren Blüten garnieren.

RUM-PUNSCH

Der klassische jamaikanische Rum-Punsch ist eine fruchtige Mischung aus Orangensaft, Ananassaft, weißem Rum und Grenadinesirup. Ein sehr süßes alkoholisches Getränk also, das mir in der Vergangenheit einen der schlimmsten Kater meines Lebens beschert hat! Diese um einiges sauberere Version wird mit frischen Obst- und Gemüsesäften zubereitet und erspart Ihnen somit diesen schrecklichen Zucker-Kopfschmerz am nächsten Tag.

FÜR 2 PORTIONEN
80 ml brauner Rum
100 ml frischer Orangensaft
50 ml Möhrensaft
120 g frische Ananasstücke
100 ml Kokoswasser
Eiswürfel • 2 TL Rote-Bete-Saft
frische Pfefferminzblätter,
Kirschen und Orangenscheiben
zum Garnieren

UTENSILIEN
Hochleistungsmixer und
2 Punschgläser

Rum, Orangensaft, Möhrensaft, Ananasstücke, Kokoswasser und ein paar Eiswürfel in einen Hochleistungsmixer geben. Ca. 1 Minute lang pürieren.

Die Gläser zur Hälfte mit Eiswürfeln füllen und mit dem Getränk übergießen. Mit Hilfe eines Teelöffels etwas Rote-Bete-Saft am Rand der Gläser ins Getränk gleiten lassen und garnieren.

CHOCOLATES FOR MY DATE

Ich wollte einen „erwachsenen“ Milchshake erfinden, der voller Energie und Geschmack steckt. Deshalb habe ich die Süße von Datteln, Ananas und Bananen mit der Energie von Rohkakao, Guarana und Hanfsamen kombiniert.

FÜR 2 PORTIONEN
50 g Medjool-Datteln, grob gehackt
30 g Rohkakaopulver
80 ml brauner Rum
200 ml Kokosdrink
3 TL Dattelsirup (oder Ahornsirup)
60 g gefrorene Bananenstücke
50 g gefrorene Ananasstücke
2 TL Hanfsamen
30 g geröstete Haselnüsse
1 TL Guaranapulver
150 g zerstoßenes Eis + zusätzlich zerstoßenes Eis für die Gläser
Kakao-Nibs, Medjool-Datteln und gehackte geröstete Haselnüsse zum Garnieren

UTENSILIEN
Hochleistungsmixer, Strohhalme und 2 hohe Gläser

Alle Zutaten in einen Hochleistungsmixer geben und mindestens 1 Minute lang pürieren bzw. so lange, bis eine homogene Mischung entstanden ist.

In die Gläser füllen und mit Kakao-Nibs und gerösteten Haselnüssen bestreuen. Die Medjool-Datteln einschneiden und auf den Rand der Gläser stecken.

EIS AM STIEL MIT KAKAO UND AVOCADO

Avocados enthalten eine ganze Ladung Nährstoffe und Antioxidantien. Sie stecken voller Kalium, Vitamin E und Eisen. Dieses Eis am Stiel ist eine Offenbarung und eignet sich perfekt für eine Dinnerparty: Es ist süß und enthält Rum sowie Kakao-Nibs zum Knuspern. Sie können ruhig experimentieren, wenn Ihnen danach ist: Geben Sie Ihre Lieblings-Trockenfrüchte oder gehackte Nüsse hinein für eine willkommene köstliche Abwechslung.

FÜR 8 STÜCK
250 g Avocadofruchtfleisch
50 g Rohkakaopulver • 100 ml Ahornsirup
300 ml ungesüßte Mandelmilch • Mark von 1 Vanilleschote
125 ml Rum (ich verwende Sailor Jerry's)
25 g Kakao-Nibs
80 g dunkle Schokolade, gehackte Pistazien und Kakao-Nibs zum Garnieren

UTENSILIEN
Hochleistungsmixer oder Küchenmaschine, Eisform mit 8 Vertiefungen und Eisstiele aus Holz

Avocadofruchtfleisch, Kakao, Ahornsirup, Mandelmilch, Vanillemark und Rum in einen Hochleistungsmixer geben und glatt pürieren. Die Kakao-Nibs unterziehen und die Mischung in die Eisformen füllen. Die Formen verschließen und Eisstiele hineinstecken. Für mindestens 3 Stunden oder über Nacht einfrieren.

Wenn Sie auf Zucker verzichten möchten, können Sie das Eis so genießen, aber wenn Sie ein bisschen Schokolade dazugeben möchten, dann lassen Sie 80 g dunkle Schokolade schmelzen und etwas abkühlen. Das Eis aus den Formen nehmen, auf ein mit Backpapier ausgelegtes Tablett legen und mit der geschmolzenen dunklen Schokolade beträufeln. Ein paar gehackte Pistazien und Kakao-Nibs darüberstreuen. Nochmals für ca. 20 Minuten ins Gefrierfach stellen, bis die Schokolade fest ist. Anschließend servieren.

HANF-PIÑA-COLADA

Ich konnte natürlich kein Cocktailbuch schreiben, ohne ein freches Rezept für eine Piña Colada einzufügen – die zählt zu meinen kleinen sündigen Vergnügen! Diese hier wird aus reifer, frischer Ananas und dem milden, nussigen Aroma von Hanfsamen hergestellt. Falls Sie es noch nicht wussten: Hanfsamen gehören weltweit zu den Samen mit der größten Nährstoffdichte. Streuen Sie diese kleinen Kerlchen am besten überall drüber!

FÜR 2 PORTIONEN
100 ml weißer Rum (ich verwende Bacardi)
50 ml Kokoswasser
60 ml Kokossahne
200 g frische, reife Ananas in Stücken
100 g Eiswürfel
10 ml Limettensaft
30 ml Agavendicksaft
2 TL Hanfsamen
Kokoswasser-Eiswürfel (s. S. 12)
Ananasspalten, Limettenspalten und Hanfsamen zum Garnieren

UTENSILIEN
Hochleistungsmixer, 2 hohe Gläser, Strohhalme,
Rührstäbe in Flamingoform und Schirmchen

Rum, Kokoswasser, Kokossahne, Ananas, Eiswürfel, Limettensaft, Agavendicksaft und Hanfsamen in einen Hochleistungsmixer geben und glatt pürieren.

Die Gläser mit Kokoswasser-Eiswürfeln füllen und die Piña Colada darübergießen. Mit Ananasspalten, Limettenspalten und Hanfsamen garnieren. Toben Sie sich mit Strohhalmen, farbenfrohen Rührstäben und Cocktailschirmchen aus und stellen Sie sich vor, Sie lägen auf Barbados am Strand.

MONKEY NUTS

Bananen und Nüsse sind eine affenstarke Geschmackskombination, die vollgepackt ist mit Energie, gesunden Fetten und Nährstoffen. Ich habe diesen beiden noch das peruanische Superfood Maca-Pulver zur Seite gestellt. Maca soll die Libido verstärken und kann bei der Ausdauer behilflich sein. Es kann auch stimmungsaufhellend wirken. #Bumm

FÜR 2 PORTIONEN
100 g gefrorene reife Bananenstücke
2 TL Maca-Pulver
80 ml Jack Daniels
200 ml Mandelmilch
2 EL Bio-Erdnussbutter
2 TL Ahornsirup
Mark von 1 Vanilleschote
200 g zerstoßenes Eis
zusätzliche Bananenscheiben, Vanilleschoten und geröstete gehackte Nüsse (optional) zum Garnieren

UTENSILIEN
Hochleistungsmixer, Strohhalme und 2 Trinkgläser

Alle Zutaten bis auf das Eis in einen Hochleistungsmixer geben und glatt pürieren. In Gläser füllen und mit zerstoßenem Eis auffüllen. Mit Bananenscheiben und halbierten Vanilleschoten garnieren. Und vielleicht auch mit ein paar gerösteten gehackten Nüssen!

RAUCHIG, WÜRZIG, SAUER, SEXY

BLUTORANGEN-MÖHREN-NEGRONI

Ich bin ein großer Fan des Negroni, aber bisweilen bereite ich meinen gerne mit Aperol zu, sodass er nicht ganz so bitter ist wie das Original. Nicht im Traum würde ich daran denken, einen Negroni ohne ihn zuzubereiten. Durch die Zugabe von Möhren- und Blutorangensaft wird dieser Drink einfach perfekt.

FÜR 2 PORTIONEN
2 dicke Scheiben Blutorange
1 TL Kokosblütenzucker • Eiswürfel
50 ml Aperol • 50 ml Antica Formula (roter Wermut)
50 ml Gin (Bombay Sapphire oder Tanqueray)
50 ml Möhrensaft • 50 ml Blutorangensaft
2 übergroße quadratische Eiswürfel
1 Mini-Urmöhre, längs halbiert

UTENSILIEN
Butangasbrenner, Cocktail-Shaker und 2 kleine Tumbler

Zunächst die Garnitur vorbereiten. Hierfür die Blutorangenscheiben mit dem Kokosblütenzucker bestreuen und mit dem Butangasbrenner erhitzen, bis der Zucker schmilzt und karamellisiert. Beiseite stellen.

Eine Handvoll Eis in den Shaker geben. Aperol, Antica Formula, Gin, Möhren- und Blutorangensaft hinzufügen. Drei- bis viermal schütteln.

Je einen übergroßen Eiswürfel in die Gläser geben. Diese Eiswürfel sind für Drinks wie diesen besser geeignet als normal große, weil sie langsamer schmelzen. Das Letzte, was man haben möchte, ist ein verwässerter Negroni! Den Inhalt des Shakers in die Gläser seihen.

Zum Garnieren ein Stück Möhre durch eine Orangenscheibe stecken. Diese Garnitur so in das Glas legen, dass die Orangenscheibe auf dem Drink schwimmt. Versuchen Sie, durch die karamellisierte Orangenscheibe von dem Cocktail zu nippen – Aaah, Himmel auf Erden!

DARK 'N' SCOBY

SCOBY ist das Akronym für „Symbiotic Culture Of Bacteria and Yeast", bezeichnet also eine symbiotische Kultur aus Bakterien und Hefe. Dies ist die Kultur, mit der man Tee fermentiert und in Kombucha verwandelt. Der Cocktail hier ist meine Version eines „Dark 'n' Stormy" mit einem köstlichen Ingwer-Kombucha. Dieser Drink besitzt Schärfe, Säure und Sprudel. Und er ist auch noch verdammt gesund. Ich könnte ihn den ganzen Tag trinken …

FÜR 2 PORTIONEN

6 dünne Scheiben Ingwer
1 Limette, geviertelt
4 Limettenblätter
30 ml Agavendicksaft
zerstoßenes Eis
470 ml Bio-Ingwer-Kombucha
100 ml Rum (ich verwende Gosling Black)
zusätzliche Limettenblätter und Limettenspalten zum Garnieren

UTENSILIEN

Stößel, Strohhalme und 2 Gläser

Ingwer, Limette, Limettenblätter und Agavendicksaft auf die Gläser verteilen und mit dem Stößel gründlich zerdrücken, sodass der gesamte Limettensaft und die Aromen des Ingwers und der Limettenblätter freigesetzt werden.

Die Gläser bis zum Rand mit zerstoßenem Eis füllen und je einen Strohhalm hineinstecken. Den Kombucha auf die Gläser verteilen. Einen großen Löffel mit der Wölbung nach oben so auf das Glas legen, dass die Spitze das Innere berührt. Nun den Rum vorsichtig über den Löffel ins Glas fließen lassen, sodass er eine Schicht bildet.

Mit ein paar zusätzlichen Limettenspalten und -blättern garnieren.

YUZU-GUNSHOT-MARGARITA

Yuzu gehört zu meinen allerliebsten Lieblingsaromen. Es ist sehr kräftig und bewegt sich geschmacklich irgendwo zwischen Grapefruit, Limette und Amalfi-Zitrone. Wenn Sie säuerlich-herbe Drinks mögen, dann ist dieser hier genau richtig für Sie. Zum Yuzu-Saft habe ich Mezcal gesellt, weil seine Rauchigkeit so gut dazu passt. Die gefrorenen Trauben und der grüne Tee sorgen dafür, dass Sie Ihre tägliche Dosis an Antioxidantien bekommen. Was will man mehr?

FÜR 2 PORTIONEN
100 ml Mezcal (ich verwende Quiquiriqui)
300 g Eiswürfel
200 g gefrorene weiße Trauben
30 ml Yuzu-Saft
100 ml kalter Grüntee
40 ml Agavendicksaft
50 g Meersalz
1 unbehandelte Limette, Schale und etwas Saft
gefrorene Trauben am Spieß als Garnitur

UTENSILIEN
Hochleistungsmixer und 2 kleine Tumbler

Mezcal, Eiswürfel, gefrorene Trauben, Yuzu-Saft, Grüntee und Agavendicksaft in einen Hochleistungsmixer geben und glatt pürieren.

Das Meersalz mit der geriebenen Limettenschale vermischen und auf einen kleinen Teller geben. Die Limette, von der die Schale abgerieben wurde, aufschneiden und den Rand der Gläser mit dem Saft anfeuchten. Die Gläser kopfüber in die Salzmischung tauchen und so lange hin- und herdrehen, bis ein gleichmäßiger Rand aus Limettensalz entstanden ist. Den eiskalten Cocktail in die Gläser füllen und mit den gefrorenen Traubenspießen garnieren.

INDIAN SUMMER

Die gute Nachricht ist, dass frische Kurkuma starke heilende Eigenschaften besitzt: Sie wirkt entzündungshemmend und kann auch die antioxidative Kapazität im Körper erhöhen. Die nicht ganz so gute Nachricht lautet, dass sie alles, was mit ihr in Berührung kommt, ganz furchtbar färbt. Darauf sollten Sie sich einstellen, Handschuhe tragen und heißes Spülwasser bereithalten, um Ihren Entsafter zu reinigen.

FÜR 2 PORTIONEN
40 g frische Kurkuma (20 ml Kurkumasaft)
10 Kardamomkapseln, leicht gequetscht
2 EL Agavendicksaft
Korianderstängel, gehackt, von einem 30 g schweren Bund
1 unbehandelte Limette
Eiswürfel
80 ml Gin (ich verwende Bombay Sapphire)
150 ml Mineralwasser mit Kohlensäure
frische Korianderblätter zum Garnieren

UTENSILIEN
elektrischer Entsafter, kleiner Topf, Barsieb und 2 hohe Gläser

Die Kurkuma in einen elektrischen Entsafter geben. Insgesamt sollten sich 20 ml Saft ergeben. Den Saft mit dem Kardamom, dem Agavendicksaft und den Korianderstängeln (diese mit einer Teigrolle bearbeiten, damit etwas Saft freigesetzt wird) in einen kleinen Topf geben. Die Schale von der Limette schälen und mit 200 ml Wasser in den Topf geben. Zum Kochen bringen, anschließend die Hitze reduzieren und die Mischung 10–15 Minuten lang leise köcheln lassen bzw. so lange, bis sie um die Hälfte reduziert ist. Den Saft aus der Limette in den Topf pressen und abkühlen lassen.

Die Mischung abseihen. Die Gläser mit Eis füllen und den Kurkuma-Aufguss auf die Gläser verteilen. Je 40 ml Gin in die Gläser füllen und gut umrühren. Die Gläser mit Mineralwasser auffüllen und mit Korianderblättern garnieren.

MANCHE MÖGEN'S VERDAMMT HEISS

Dies ist meine Version einer thailändisch beeinflussten Bloody Mary. Ich liebe Chili über alles und trinke meine Bloody Mary gerne verdammt scharf. Chilischoten sind insofern großartig, als sie appetitanregend und verdauungsfördernd wirken. Wenn Sie Scharfes nicht so gerne mögen, dann würde ich die Sriracha-Sauce ganz weglassen oder zumindest die weniger scharfe Variante verwenden.

FÜR 2 PORTIONEN
2 Zitronengrasstängel, mit einem Messerrücken zerquetscht und halbiert • ½ kleine Vogelaugen-Chilischote, längs halbiert
4 Limettenblätter, leicht zerdrückt
1 TL geriebener frischer Ingwer • 2 EL Agavendicksaft • Eiswürfel
80 ml Wodka (ich verwende Absolut)
8 Thai-Basilikum-Blätter • 1 EL Limettensaft
2 TL Sojasauce • ¼–½ TL Sriracha-Sauce (Chilisauce) „sehr scharf"
200 ml Tomatensaft • zusätzliche Limettenspalten, Limettenblätter, 1 Zitronengrasstängel (längs halbiert) und Thai-Basilikum-Blätter zum Garnieren

UTENSILIEN
kleiner Topf, feines Sieb, Cocktailshaker und 2 hohe Gläser

Zitronengras, Chilischote, Limettenblätter, Ingwer, Agavendicksaft und 200 ml Wasser in einen kleinen Topf geben. Zum Kochen bringen, dann ca. 10 Minuten lang köcheln lassen bzw. so lange, bis die Flüssigkeit um die Hälfte reduziert ist. Abkühlen lassen. Die Flüssigkeit durch ein feines Sieb gießen.

Einen Cocktail-Shaker zur Hälfte mit Eiswürfeln füllen und die abgeseihte Flüssigkeit zusammen mit Wodka, Thai-Basilikum, Limettensaft, Sojasauce, Chilisauce und Tomatensaft hinzufügen. 1 Minute lang kräftig schütteln, um möglichst viel Aroma vom Thai-Basilikum zu erhalten. Die Gläser mit Eiswürfeln füllen und den Cocktail in die Gläser seihen. Mit Limettenspalten, Limettenblättern, Zitronengras und Thai-Basilikum garnieren.

GINSENG HOT TODDY

Wärmende, gewürzte und mit Whisky angereicherte Getränke können an kalten Winterabenden echte Seelentröster sein. Ingwer ist gut für die Verdauung, gilt als Heilmittel bei Erkältungskrankheiten und kann möglicherweise sogar den Blutdruck senken. Ginseng kann als Stärkungsmittel wirken und soll dem Denkvermögen auf die Sprünge helfen. Durch den Orangen- und Zitronensaft enthält die Mischung außerdem reichlich Vitamin C.

FÜR 2 PORTIONEN

1 Beutel Kamillentee
4 dicke Scheiben frischer Ingwer, leicht eingekerbt
4 Streifen Orangenschale
120 ml Orangensaft
25 ml Zitronensaft
5 Nelken
6 Kardamomkapseln, leicht gequetscht
2 Sternanis
4 Stücke getrockneter Ginseng
2 EL Honig
80 ml Whisky
6 Spritzer Orangen-Bitter

UTENSILIEN

kleiner Topf und 2 hitzebeständige Gläser oder Becher

Den Teebeutel mit 250 ml kochendem Wasser übergießen und 5 Minuten ziehen lassen, anschließend den Teebeutel entfernen.

Die restlichen Zutaten in einen kleinen Topf geben, den Kamillentee hinzufügen und das Ganze zum Sieden bringen. 10 Minuten lang sehr leise köcheln lassen, damit sich die Aromen entfalten können.

In hitzebeständigen Gläsern oder Bechern servieren, zurücklehnen und genießen …

GET YOUR BUZZ ON!

Dies ist meine Version eines vor Energie strotzenden Espresso-Martinis mit zusätzlicher Power durch Guarana. Sie können natürlich Wodka verwenden, aber geben Sie ruhig Tequila mal eine Chance. Er passt wirklich ganz ausgezeichnet zu Kaffee – ich liebe diese Kombi! Vor ein paar Jahren hat mich einmal ein guter Freund, Craig, in einer mondänen Bar in Melbourne dazu überredet, es auszuprobieren, und seitdem bin ich bekehrt.

FÜR 2 PORTIONEN
80 ml Tequila Gold
200 ml abgekühlter Espresso
20 ml Amaretto
30 ml Agavendicksaft oder Ahornsirup
20 ml Cointreau
½ TL Guarana-Pulver
Eiswürfel
Espressobohnen zum Garnieren

UTENSILIEN
großer Cocktail-Shaker aus Metall, Barsieb und 2 vorgekühlte Cocktailgläser

Tequila, Espresso, Amaretto, Agavendicksaft, Cointreau und Guarana-Pulver in einen Cocktail-Shaker geben. 2 Handvoll Eiswürfel hinzufügen und 1–2 Minuten lang kräftig schütteln. Je mehr Sie schütteln, desto schöneren Schaum gibt es.

Durch den Ausgießer oder ein Barsieb in die Gläser füllen. Mit je 3 Espressobohnen garnieren. Himmlisch!

BIRNEN-ZIMT-SOUR

Sours mag ich wirklich sehr gerne, vor allem wegen der perfekten Balance zwischen süß und sauer. Was die Geschmackskombinationen angeht, sind die Möglichkeiten hier endlos, aber ich wollte mich an etwas halten, von dem ich wusste, dass es funktioniert.

FÜR 2 PORTIONEN
120 ml Birnensaft • 80 ml Zitronensaft
1 Eiweiß von 1 großen Ei
80 ml Amaretto
2 Prisen gemahlener Zimt
Eiswürfel • Angosturabitter
Birnenspalten • Zimtstangen und gemahlener Zimt zum Garnieren

UTENSILIEN
großer Cocktail-Shaker aus Metall, Barsieb und 2 Tumbler

Birnensaft, Zitronensaft, Eiweiß, Amaretto und Zimtpulver mit 2 Handvoll Eiswürfeln in einen Cocktail-Shaker geben. 1–2 Minuten lang kräftig schütteln.

Ein paar Eiswürfel in die Gläser geben und den Sour durch das Barsieb eingießen, sodass möglichst viel von dem groben Schaum zurückgehalten wird. Mit Birnenspalten garnieren (an der Hautseite einschneiden). Je eine Zimtstange in die Gläser stecken und ein paar Tropfen Angostura auf die Schaumschicht geben. Die Birnenspalten mit etwas Zimtpulver bestreuen und genießen!

BAOBAB-ROTE-BETE-BRAUSE

Vor einiger Zeit verpasste ich einer meiner liebsten Saftkombinationen den Spitznamen Rote-Bete-Brause. Sie besitzt den erdigen Geschmack Roter Bete, aber gleichzeitig auch den köstlichsten, herb-säuerlichen Geschmack nach Zitronenbrause! Rote Bete ist eine ausgezeichnete Quelle für Folsäure und Ballaststoffe und ist auch dafür bekannt, das Durchhaltevermögen zu verbessern. Gramm für Gramm enthält Baobab mehr Vitamin C als Orangen, mehr Kalzium als Milch und mehr Eisen als Fleisch – es lohnt sich also wirklich, es zu verwenden!

FÜR 2 PORTIONEN
1 Rote Bete • 1 Pink Grapefruit, geschält • 1 große Orange, geschält • ½ Amalfi-Zitrone, geschält • 2 große Möhren
80 ml Wodka Citron • 10 ml Agavendicksaft
2 TL Baobab-Pulver • Eiswürfel
Rote-Bete-Eiswürfel (s. S. 12)
gefrorene Blaubeerspieße zum Garnieren

UTENSILIEN
elektrischer Entsafter, Cocktail-Shaker, Barlöffel und 2 hohe Gläser

Aufgrund der Tatsache, dass ich diesen Saft normalerweise nicht mit genau abgemessenen Zutaten zubereite, ist dieses Rezept etwas anders geschrieben. Rote Bete, Pink Grapefruit, Orange, Zitrone und Möhren in einen elektrischen Entsafter geben.

Die Hälfte dieses Saftes zusammen mit dem Wodka, dem Agavendicksaft und dem Baobab-Pulver in einen Cocktail-Shaker geben. Eine Handvoll Eiswürfel hinzufügen und 30 Sekunden lang kräftig schütteln. Das Baobab-Pulver soll sich gleichmäßig verteilen und keine Klümpchen bilden!

Den Rest des Saftes ebenfalls in den Shaker geben – falls er groß genug ist. Mit dem Barlöffel gründlich umrühren. Die Gläser mit Rote-Bete-Eiswürfeln füllen und das Getränk durch den Ausgießer des Shakers auf die Gläser verteilen. Mit gefrorenen Blaubeerspießen garnieren.

SAFTIGES „PENICILLIN“

Einige der Zutaten in diesem Drink helfen wunderbar bei der Bekämpfung von Erkältungskrankheiten und enthalten jede Menge Vitamin C. Honig und Apfelessig beruhigen den Hals, und Echinacin stärkt das Immunsystem. Genau das, was der Arzt verordnet hat!

FÜR 2 PORTIONEN
80 ml Whisky
3 EL klarer Honig
200 ml Orangensaft
20 ml Zitronensaft
20 ml Bio-Apfelessig
6 Spritzer Angosturabitter
12 Tropfen Echinacin-Tinktur (flüssiges Echinacin)
Eiswürfel
Bienenpollen, in Streifen geschnittene Orangenschale und Honigwabe zum Garnieren

UTENSILIEN
Cocktail-Shaker, Barlöffel und zwei niedrige Gläser

Den Whisky in einen Cocktail-Shaker geben und den Honig so lange unterrühren, bis er sich im Whisky aufgelöst hat. Anschließend Orangensaft, Zitronensaft, Apfelessig, Angostura und Echinacin hinzufügen. Gründlich verrühren.

Die Gläser mit Eiswürfeln füllen und mit dem „Penicillin“ übergießen. Mit einem Streifen Orangenschale, ein paar Bienenpollen und einem schönen Stück Honigwabe garnieren.

GLÜHWEIN MIT ANANAS UND ROSA PFEFFERKÖRNERN

Ich liebe Glühwein! Besonders, wenn würzige, weingetränkte Fruchtstücke darin herumschwimmen. Experimentieren Sie ruhig mit Ihrem Lieblingsobst – auch Steinobst passt gut.

FÜR 4 PORTIONEN
750 ml Rioja (Rotwein) • 100 g gewürfelte Ananas
4 EL Kokosblütenzucker • 4 Sternanis
2 große Zimtstangen • 10 schwarze Pfefferkörner
4 Kardamomkapseln, gequetscht • 10 Szechuan-Pfeffer-Körner
½ TL rosa Pfefferkörner • 6 Gewürznelken
200 ml Orangen-/Clementinensaft
in Scheiben geschnittene Orangen oder Clementinen, Zimtstangen und rosa Pfefferkörner zum Garnieren

UTENSILIEN
mittelgroßer Topf, Mulltuch, Krug und 4 hitzebeständige Gläser

Den Rioja in einen Topf gießen und die Ananas, den Zucker, den Sternanis und die Zimtstangen hinzufügen.

Ein kleines Mulltuch zurechtschneiden und die schwarzen Pfefferkörner, die Kardamomkapseln, die Szechuan-Pfeffer-Körner, die rosa Pfefferkörner und die Gewürznelken in die Mitte legen. Mit einem Stück Schnur zubinden und in den Topf geben. Bei mittlerer Hitze aufsetzen und zum Sieden bringen, anschließend 15 Minuten lang leise köcheln lassen. Vom Herd ziehen und den Orangen- bzw. Clementinensaft unterrühren. In einen Krug füllen.

Den Glühwein auf die Gläser verteilen, in jedes Glas eine Scheibe Orange oder Clementine sowie eine halbe Zimtstange und 1 Sternanisfrucht geben. Mit rosa Pfefferkörnern bestreuen und servieren.

REGISTER

DANKSAGUNG

Zuallererst muss ich mich bei der lieben Sophie Allen bedanken. Ohne dich und diesen leicht beschwipsten gemeinsamen Abend, an dem wir über die Idee gesprochen haben, hätte es dieses Buch nie gegeben. Danke, dass du so vorausschauend warst, mich zu fragen. Für mich war es ein brillanter, offener und kreativer Prozess, und ich bin sehr dankbar dafür, dass du und Kyle an mich geglaubt habt.

Mein nächstes Dankeschön geht an Nassima, die beeindruckende Fotografin dieses Buches. Nass und ich haben uns vor Jahren schon einmal bei einem anderen Projekt getroffen, und es war quasi Liebe auf den ersten Blick: eine australische Landsmännin ohne Ego, aber mit jeder Menge Talent. Ich empfinde es als Ehre, dich meine Freundin nennen zu dürfen, und ich bin sehr dankbar dafür, dass du Teil dieses Buches sein konntest. Ich hatte sehr klare Vorstellungen darüber, und du hast alle meine Erwartungen übertroffen!

Ein weiteres großes Dankeschön geht an Lydia, die Stylistin. Du bist einfach unglaublich in dem, was du tust, und ich liebe Dich wie verrückt! Vielen Dank dafür, dass du immer wunderbare Stücke zu den Fotoshootings mitgebracht hast, und dafür, dass es einen solchen Spaß gemacht hat, mit dir zu arbeiten. Denjenigen, die nicht in unserer Branche arbeiten, muss ich erklären, dass bei der Entstehung eines Buches immer viele verschiedene Talente zusammenarbeiten. Ich hatte großes Glück, ein so tolles Team zusammenzubekommen, um bei der Arbeit an dem Buch eine ganz besondere Art von Magie entstehen zu lassen.

Zuletzt möchte ich mich bei meiner Assistentin Holly bedanken. Ohne dich hätte ich das buchstäblich nicht geschafft! Danke, dass du Tag für Tag in meiner Wohnung aufgetaucht bist und deine Zeit dafür geopfert hast, köstliche Cocktails mit mir zu mixen. Ich fand es toll, dass du da warst und dass ich mit dir meine Ideen und Geschmackskombinationen besprechen konnte. Du bist ein absoluter Star, und ich hoffe, dass wir immer mehr Projekte bekommen, bei denen wir wochenlang leckere Cocktails trinken können. Vielleicht können wir das beim nächsten Mal in der Nähe eines Strandes machen!?

Vielen Dank auch an Emma, die ebenfalls beim Shooting geholfen hat, und an alle, die sich die ganze Zeit über bereitwillig als „Versuchskaninchen" zur Verfügung gestellt haben.

Alles Liebe

Nicole xxx